조선의 여걸 **박씨부인**

**기획 신동흔**
서울대학교 국문학과를 졸업하고, 같은 학교에서 문학박사 학위를 받았습니다.
현재 건국대학교 국문과 교수로 재직하며 구비문학 연구에 힘을 쏟고 있습니다.
《살아 있는 우리 신화》를 펴냈으며, 옛이야기 《창조의 신 소별왕 대별왕》《조선의 영웅 김덕령》《구운몽》 등을 썼습니다.

한겨레 옛이야기 · 6
**조선의 여걸 박씨부인**
ⓒ 정출헌, 조혜란 2009

초판 1쇄 발행 2000년 4월 25일 | 개정판 1쇄 발행 2009년 2월 27일 | 15쇄 발행 2025년 4월 15일

글쓴이 정출헌 | 그린이 조혜란 | 펴낸이 유강문 | 편집 한겨레아이들
디자인 달 · 리 크리에이티브 | 마케팅 김한성 조재성 박신영 김애린 오민정

펴낸곳 ㈜한겨레엔 www.hanibook.co.kr | 주소 서울시 마포구 창전로 70 (신수동) 한겨레출판 5층
전화 02-6383-1602~3 | 팩스 02-6383-1610 | 출판등록 2006년 1월 4일 제313-2006-00003호

ISBN 979-11-6040-762-4 73810
ISBN 978-89-8431-310-1 (세트)

· 값은 뒤표지에 있습니다.
· 이 책의 일부 또는 전부를 재사용하려면 반드시 저작권자와 ㈜한겨레엔 양측의 동의를 얻어야 합니다.
· KC마크는 이 제품이 공통안전기준에 적합하였음을 의미합니다.
⚠ 책 모서리에 다치지 않게 주의하세요.

# 조선의 여걸 박씨부인

정출헌 글 · 조혜란 그림

한겨레아이들

遊福堂

## 차례

신선의 피리 소리 • 8

얼굴을 가린 신부 • 15

겨울 애벌레, 봄 나비 • 25

신기한 벼루 • 39

허물을 벗은 박씨부인 • 47

청나라의 음모 • 59

자객 기홍대 • 66

쳐들어오는 오랑캐 • 75

외적을 물리치는 박씨부인 • 92


해설 • 106

신선의 피리 소리

　조선 시대 인조 임금 때, 이득춘이라는 대감이 살고 있었습니다. 대감은 워낙 마음이 곧은지라 많은 사람들의 존경을 받았지요. 게다가 피리를 잘 불어 사람들의 부러움을 샀어요. 피리 부는 솜씨가 그야말로 천하의 으뜸이었답니다.
　그러던 어느 날 커다란 삿갓을 쓴 사람이 찾아왔어요.
　"지나가는 나그네인데 잠시 쉬어 갈까 합니다."
　위엄 있는 목소리가 삿갓 아래에서 흘러나왔어요. 이 대감은 언제

나 자신의 집을 찾아오는 사람은 귀한 손님이라고 생각했어요. 그래서 얼른 나그네를 사랑채로 모셨지요. 나그네는 삿갓을 벗고 대감에게 공손히 인사했습니다. 나그네의 머리칼은 눈처럼 하얀 백발이었어요. 그러나 눈빛은 시냇물처럼 맑고 몸놀림은 학처럼 우아했답니다.

'보통 사람이 아니군!'

이 대감은 속으로 놀라며, 나그네에게 술과 안주를 푸짐하게 대접했어요. 그러고는 이런저런 세상 돌아가는 이야기를 나누었어요.

그러다가 나그네가 불쑥 말했습니다.

"저는 금강산에서 사슴을 키우며 지내는 늙은이올시다. 대감께서 피리를 잘 부신다는 소문이 자자해서 오래전부터 한번 뵙고 싶었습니다."

"아니, 그곳까지 소문이 났습니까?"

기분이 좋은지 이 대감은 껄껄껄 웃었어요.

"저도 피리를 입에 댈 줄은 알지만 자랑할 만한 솜씨는 아닙니다. 대감께 한 수 배우고 싶습니다."

"그럼 한 곡조 불어 보지요."

이 대감은 피리에 가볍게 입을 댔어요. 피리 소리가 공기를 살며시 흔들며 퍼져 나갔어요. 피리 소리에 맞춰 나무들이 가지를 흔들었고, 두 사람의 머리 위로 꽃잎이 하늘하늘 떨어져 내렸답니다.

피리 소리가 멎자 두 사람의 머리 위에는 꽃잎이 소복이 쌓였어요. 나그네가 손뼉을 크게 치며,

"정말 솜씨가 천하 제일이십니다!" 하고 말했습니다.

이 대감은 입가에 살짝 미소를 머금으며 나그네에게 말했습니다.

"자, 이번에는 제가 들을 차례입니다."

나그네는 손사래를 치다가 품에서 피리를 꺼내 들었어요. 그러고는 조용히 피리를 불기 시작했습니다.

나그네의 피리 소리는 비단처럼 매끄럽게 주위를 감돌았어요. 나뭇가지들을 어루만지다가 바람을 타고 사방으로 퍼져 나갔지요. 세상이 온통 그윽한 피리 소리로 가득 찬 것 같았어요. 그런데 이게 웬일일까요. 잎이 졌던 꽃나무에 다시 몽실몽실 흰 꽃이 피어나는 게 아니겠어요? 풀은 더욱 파릇파릇 돋아났고 꽃들도 앞 다투어 피어나, 꽃밭이 온통 울긋불긋 환해졌답니다. 어디선가 쌍쌍이 날아온 푸른 학까지 너울너울 춤을 추었어요.

이 대감은 피리 소리가 멎은 것도 모를 정도로 나그네의 피리

소리에 깊이 빠져 있었어요. 나그네가 내려놓은 피리를 보고 그제야 정신을 차렸지요. 그러고는 자리에서 벌떡 일어나며 말했습니다.

"이건 사람의 솜씨가 아닙니다. 신선의 피리 소리가 분명합니다."

나그네는 빙그레 웃을 뿐이었습니다.

이 대감은 얼굴 가득 웃음을 머금고 물었습니다.

"보통 분이 아니라는 것은 짐작했습니다. 하지만 속세의 사람이 아니라고는 생각지 못했습니다. 금강산에서 이 먼 곳까지 대체 무슨 일로 찾아오셨는지요?"

나그네는 두 손을 모으고 정중하게 대답했어요.

"대감께 어려운 부탁을 하나 드리려고 왔습니다. 제게 딸이 하나 있습니다. 재주가 뛰어나고 성격도 아주 좋은데, 얼굴이 변변치

않아 아직도 짝을 구하지 못했습니다. 대감 아드님과 제 딸을 맺어 주면 어떨까 해서 이렇게 찾아왔습니다."

이 대감은 자기 아들 시백이 금강산 신선의 딸과 혼인하는 것이야말로 안성맞춤이라고 생각했지요.

"좋고말고요! 저희 집안에는 경사나 다름없습니다!"

"그러면 다음 달 보름날, 아드님과 함께 금강산으로 오시지요. 혼례 준비를 해 놓겠습니다. 오셔서 박 처사를 찾으십시오."

말을 마친 나그네는 뜰로 훌쩍 내려서더니 꽃밭에서 넘놀고 있던

푸른 학을 타고 눈 깜짝할 사이에 구름 사이로 사라졌습니다.

이 대감은 멍하니 하늘을 올려다보았어요.

'이게 꿈이냐, 생시냐?'

## 얼굴을 가린 신부

이 대감은 곧 정신을 차리고는 안채로 급히 들어갔어요.
"부인, 부인! 기쁜 일이 있소!"
"무슨 일이세요?"
"천하에 둘도 없는 귀한 집안과 사돈을 맺게 되었다오!"
그러고는 조금 전에 있었던 일을 낱낱이 이야기해 주었습니다. 하지만 부인은 입을 삐죽거리며 퉁명스럽게 말했습니다.
"아니, 내로라하는 집 딸들도 마다하더니 겨우 산골 구석의

처녀에게 장가를 보낸단 말이에요? 재주가 뛰어나면 얼마나 뛰어나겠습니까? 약속을 물리는 것이 좋을 듯합니다."

"철석같이 한 약속을 어떻게 물린단 말이오? 분명 보통 처녀가 아닐 것이오."

어느덧 약속한 날이 다가왔어요. 이 대감은 아들 시백과 함께 금강산으로 떠났어요. 시백은 마지못해 따라나서기는 했지만 마음 속에는 불만이 가득했어요.

'어떤 처녀인지 자세히 알아보지도 않으시고 덜컥 혼인 약속을 하시다니! 산속에 산다니 틀림없이 산적처럼 우락부락하게 생겼을 거야!'

대감 일행은 여러 날이 지나서야 금강산에 도착했어요. 그리고 하루 종일 산속을 헤맸지요. 하지만 사람이라고는 그림자조차 구경 할 수 없었어요. 얼마나 걸었을까, 두런두런하는 소리가 들렸어요. 지게에 나무를 한 짐씩 진 나무꾼들이었어요.

대감은 황급히 물었어요.

"말씀 좀 묻겠소. 박 처사 댁이 어딘가요?"

"저도 박씨이고 이 사람도 박씨인데, 어떤 박씨를 찾으시는지요?"

이 대감은 정신이 아득해졌어요.

'어허, 낭패로고. 박 처사가 분명 어딘가에 있을 텐데. 하지만 이 깊은 산중에서 어떻게 찾는단 말인가?'

곧 날이 어두워져, 길은 칠흑같이 어둡고 두견새는 구슬프게 울어 대고 있었습니다. 이 대감은 불길한 생각에 안절부절못했어요.

바로 그때였어요. 귀에 익은 피리 소리가 골짜기에서 은은하게 흘러 나왔습니다.

'그러면 그렇지!'

이 대감은 지쳐 있는 시백과 가마꾼을 다독이며 피리 소리를 따라 더듬더듬 찾아갔습니다. 푸른 소나무와 기이한 꽃들로 에워싸인 기와집 한 채가 눈앞에 나타났어요.

대감 일행이 집 앞에 도착하자 어떻게 알았는지 피리 소리가 갑자기 뚝 그쳤어요. 그리고는 방문이 왈칵 열리면서 박 처사가 버선발로 뛰어나왔습니다.

"먼 길 오시느라 고생 많으셨습니다. 어서 안으로 드시지요."

대감과 시백은 대청마루로 올라섰어요. 마루에는 이미 혼례상이 준비되어 있었습니다.

박 처사는 이 대감과 시백을 번갈아 보며 말했습니다.

"좋은 일일수록 서두르는 것이 좋은 법입니다. 오늘 바로 혼례를 치릅시다."

이 대감은 너무 서두르는 게 아닌가 하는 생각이 잠시 들었습니다. 하지만 이왕 큰맘 먹고 여기까지 왔으니 승낙하기로 했습니다.

"그렇게 하시지요."

그제야 박 처사는 딸을 불렀습니다. 조금 뒤 하얀 천으로 얼굴을 가린 신부가 대청마루로 사뿐사뿐 걸어 나왔어요. 꽃잎이 살랑살랑 땅을 스치는 것 같은 걸음걸이였어요. 살짝 고개를 숙여 절하는 모습도 매우 고왔어요.

대감은 저도 모르게 흐뭇해져서 미소를 지었고 시백은 가슴이 두방망이질 치기 시작했습니다.

'산중에 이토록 얌전한 처녀가 있었다니!'

마당에 둘러서 있던 가마꾼들은 신부의 모습을 보고 머리를

갸웃거렸습니다.

'신부가 왜 하얀 천으로 얼굴을 가렸을까?'

하지만 궁금증이 피어오를 사이도 없이 혼례식은 일사천리로 진행되었어요. 신랑과 신부는 서로 맞절을 하고, 합환주*도 마셨어요.

박 처사는 이제 두 사람은 부부라고 큰 소리로 말했어요. 시백은 물론 이 대감과 가마꾼들도 모두 벙긋벙긋 웃으며 기뻐했어요.

혼례를 마친 뒤, 대감 일행은 그동안의 피로를 풀며 차려진 음식을 배불리 먹었습니다. 노곤한 데다 술을 먹어서인지 모두 곧바로 깊은 잠에 빠져들었지요.

얼마나 지났을까요? 시백은 새들이 지저귀는 소리에 잠에서 깨어났어요. 방 안에 신부가 다소곳이 앉아 있는 게 보였어요. 시백은 얼른 일어나 신부에게 다가갔습니다. 신부는 잠시 움찔했지만 시백이 하는 대로 가만히 있었어요. 시백이 살며시 신부의 얼굴을 가린 흰 천을 벗겨 주었습니다.

신부의 얼굴을 본 시백은 자기도 모르게 소리를 질렀습니다.

"아니! 이럴 수가!"

*합환주 : 전통 혼례식에서 신랑 신부가 서로 잔을 바꾸어 마시는 술.

시백은 너무 놀란 나머지 뒤로 벌렁 나자빠졌습니다. 신부의 얼굴은 차마 눈 뜨고 볼 수 없을 정도였습니다.

얼굴은 검붉은 데다 그물처럼 온통 얽어 있었고, 주먹만 한 코는 입과 맞닿아 있었어요. 우렁이처럼 우묵하게 생긴 눈은 위아래로 뒤틀려 있었고, 입은 주먹이 들락날락할 만큼 큰 데다 귀까지 찢어져 있었어요. 게다가 이마는 뒤로 벗겨져 꼭 메뚜기 같았습니다.

이런 흉측한 신부를 보고 기절하지 않을 사람이 누가 있겠어요?

## 겨울 애벌레, 봄 나비

 시백의 말을 들은 이 대감은 얼굴빛이 새하얘졌어요. 하지만 어쩔 도리가 없었습니다. 대감은 무언가 사정이 있을 거라고 생각하며 신부를 데리고 함께 길을 떠났습니다.
 신부는 쓰던 물건을 단출하게 싸서 몸종인 계화에게 들게 하고 가마를 탔어요. 신부가 온다고 기대에 부풀었던 대감 댁 사람들은 신부를 보자 화들짝 놀라며 모두 얼굴을 돌렸습니다. 특히 안방마님은 실망이 이만저만 큰 것이 아니었어요.

"사기꾼 같은 늙은이한테 속아 괴물딱지 며느리를 얻게 되었군요. 지금이라도 당장 돌려보내세요. 우리 시백이가 어떤 아들인데 그런 며느리를 얻습니까?"

하지만 이 대감은 딱 부러지게 말했습니다.

"그런 소릴랑 다시는 하지 마시오. 예로부터 겉모습 번지르르한 사람만 찾다가 망한 집안이 얼마나 많소? 우리 며늘아기가 비록 겉은 그러나 속은 그 누구보다도 알찰 것이오."

"아무리 그래도 그렇지, 원……."

안방마님은 대꾸할 말을 찾지 못하면서도 못마땅한 기색을 감추지

앉았어요. 그날부터 안방마님은 사사건건 며느리를 구박했어요. 시백도 신방* 근처에는 얼씬도 하지 않았고요.

 이틀 안 이 대감이 시백을 불러 크게 꾸짖었습니다.

 "이제까지 네게 큰 기대를 걸었는데, 실망이 크구나. 네 처가 비록

*신방 : 신랑 신부가 머물도록 새로 꾸민 방.

얼굴이 그렇다 하나, 예의 바르고 마음이 어진 사람이다. 그런데 어찌 그토록 박대한단 말이냐? 오늘부터 신방에 들어가 부부의 정을 돈독히 하거라."

시백은 얼굴이 뻘게지며 모기만 한 소리로 대답했어요.

"저, 저는 그 사람이 무섭습니다."

"어찌 그렇게 사람 보는 눈이 없단 말이냐. 사람은 외모만으로 평가하는 게 아니다. 이 애비 말을 명심하거라."

시백은 마음을 단단히 먹고 부인을 찾아갔습니다. 그러나 얼굴을 보면 몸서리가 나며 가까이 하고 싶은 생각이 싹 사라졌습니다. 그는 일부러 아내를 못 본 척 방구석에 쭈그리고 앉아 있다가, 동이 트면 얼른 나와 버리곤 했습니다. 이렇게 하루 이틀, 한 달 두 달, 세월은 흘러만 갔습니다.

하루는 박씨부인이 시백에게 물었어요.

"서방님, 날아다니는 것 가운데 제일 어여쁜 게 뭐지요?"

"나비 아니오?"

시백은 눈길 한번 주지 않고 무뚝뚝하게 대답했어요.

"나비는 날아다니기 전에 무엇이었나요?"

"그야 애벌레거나 번데기 아니었겠소?"

"서방님, 아이들이 땅을 파며 놀다가 애벌레가 나오면 징그럽다고 발로 밟아 죽여 버리지요. 하지만 봄날에는 어떻습니까? 나비가 아름답다며 나비의 뒤를 따라다니지요. 그 애벌레가 바로 나비이고, 나비가 바로 그 애벌레 아닌가요?"

영문도 모른 채 부인이 묻는 말에 대답을 하고 난 시백은 순간 움찔했습니다. 그러나 날이 갈수록 점점 더 아내가 싫어졌고, 그만큼 발걸음도 뜸해졌습니다.

하루는 박씨부인이 시아버지인 이 대감에게 문안을 드렸어요. 대감은 며느리가 불쌍해서 한껏 부드럽게 말했어요.

"아가, 얼마나 고생이 많으냐."

"아닙니다……. 아버님, 청이 한 가지 있습니다. 적막한 금강산에서 살던 제가 드나드는 사람이 많은 데서 살게 되니 글도 눈에 들어오지 않고 바느질도 손에 안 잡힙니다. 후원에 조그만 별당을 지어 주시면 그곳에서 조용히 지내고 싶습니다."

이 대감은 며느리의 마음을 알 것 같았어요. 시어머니는 모질게 구박하고, 남편은 거들떠보지도 않는다는 것을 너무도 잘 알고 있었지요.

"아가, 네가 정 원한다면 그렇게 해 주마. 부디 꿋꿋하게 견디거라."

"아버님, 고맙습니다."

박씨부인의 눈에 눈물이 아롱아롱 맺혔습니다.

이 대감은 약속한 대로 후원에 작은 별당을 지어 주었어요. 박씨부인은 얼굴에 흰 천을 드리우고 별당 밖으로는 한 발자국도 나가지 않았어요. 시중드는 몸종 계화 말고는 누구도 별당을 찾지 않았지요.

박씨부인이 무엇을 할까 궁금해하는 사람은 아무도 없었어요. 박씨부인은 점점 사람들의 기억에서 멀어져 갔어요.

어느 날 대궐에서 관리 한 사람이 이 대감 집으로 급히 달려왔어요. 이 대감이 우의정에 임명되었다는 소식을 들고서요. 온 집안이 잔칫 날처럼 떠들썩했어요. 그런데 걱정이 하나 있었어요. 당장 다음 날 대궐에 들어가 임금께 인사를 드려야 하는데, 입고 갈 관복이 없었 던 거예요.

급히 옷 짓는 사람들을 불러들였어요. 하지만 다들 하룻밤 안에 옷을 만들 수 없다며 고개를 저었어요.

이 소식을 들은 계화가 박씨부인에게로 달려갔어요.

"큰일 났어요. 내로라하는 장안의 침모*들이 다들 고개를 흔들고 있다니까요."

박씨부인이 계화에게 말했습니다.

"계화야, 가서 옷감을 받아 오너라."

"아씨, 어쩌시려고요?"

"계화야, 아무 걱정 말아라."

계화는 머뭇거리며 안방마님에게 박씨부인의 말을 전했어요. 안방마님은 쌩하니 돌아앉으며 한마디 던졌습니다.

"그렇게 못난 것이 그런 재주를 지녔겠느냐!"

하지만 대감은 허허 웃으며 말했습니다.

"며느리가 무슨 생각이 있겠지. 다른 방법이 없으니 며느리를 믿고 맡겨 봅시다."

안방마님은 어쩔 수 없이 계화에게 옷감을 내주며 서슬 푸르게 말했습니다.

"옷감 버리는 셈 치고 주기는 한다만, 아침까지 관복을 짓지 못하면 집에서 쫓겨날 줄 알라 해라."

*침모 : 남의 집에 매여 바느질을 맡아 하고 일정한 품삯을 받는 여자.

옷감을 받아 든 박씨부인은 옷감을 마르고 자르고, 한 땀 한 땀 지어 나갔습니다. 밤이 깊은 줄도 모르고 바느질만 했어요. 곁에서 지켜보던 계화는 어느새 잠에 곯아떨어졌지요. 동쪽 하늘이 어슴푸레 밝아 오기 시작하자, 박씨부인의 손은 점점 빨라졌습니다.

잠에서 부스스 깨어난 계화는 눈을 의심했어요. 얼른 보기에도 아주 훌륭한 관복이 눈앞에 놓여 있었기 때문이지요. 계화는 기쁜 마음으로 옷을 들고 달려가 대감께 바쳤어요. 대감은 부랴부랴 옷을 입어 보았어요. 옷은 대감의 몸에 딱 맞았어요. 바느질은 꼼꼼했고, 가슴과 등에 새긴 자수도 훌륭한 솜씨였답니다.

'고것한테 저런 솜씨가 있다니……'

안방마님은 두 눈으로 보면서도 믿지 않는다는 눈치였습니다. 대감은 크게 만족해하며 서둘러 입궐을 준비했습니다.

"과연 내 며느리다. 이렇게 솜씨가 뛰어나다니!"

이 대감은 관복을 차려입고 임금을 찾아뵈었어요. 임금은 대감의 옷을 보더니 자신의 곤룡포보다도 더 좋다며 칭찬을 아끼지 않았어요.

"경의 옷은 참으로 훌륭하오. 대체 누가 지은 것인가?"

"제 며느리가 지었습니다."

"빼어난 솜씨구려. 그런데 어째서 며느리를 박대하며 독수공방을 시키고 있는가?"

이 대감은 임금의 말을 듣고 깜짝 놀랐어요.

"전하께서 어떻게 그것을 알고 계십니까?"

"경의 관복을 보니 앞에 수놓은 봉황은 수컷 없이 홀로 외롭게 서 있는 모습이요, 뒤에 수놓은 푸른 학은 흰 눈이 가득한 겨울 산에 굶주리며 서 있는 모습이 아닌가?"

이 대감은 감히 속이지 못하고 사실대로 아뢰었습니다.

"며느리의 얼굴이 흉하다고 제 처와 아들이 멀리하고 있습니다. 다시는 이런 일이 없도록 단단히 타이르겠습니다."

"내가 며느리를 직접 보지는 못했지만 바느질 솜씨를 보니 보통 사람이 아닌 듯하오. 부디 박대하지 말도록 하오."

이 대감은 집으로 돌아와 부인과 아들을 불러 놓고 임금의 말씀을 전하며 말했어요.

"앞으로 며늘아기를 소홀히 대하는 일이 있어서는 절대 안 될 것이야."

그 뒤로는 아무도 대놓고 박씨부인을 박대하지 못했어요.

한편 박씨부인은 무슨 이유에서인지 별당 뜰에다 나무를 심기 시작했어요. 동쪽에는 푸른 나무, 서쪽에는 흰 나무, 남쪽에는 붉은 나무, 북쪽에는 검은 나무, 그리고 가운데는 누런 나무를 심었어요. 나무는 하루가 다르게 쑥쑥 자라 울창한 숲을 이루었지요.

별당은 나무에 가려 보이지도 않게 되었어요. 박씨부인은 별당에 '피화당'이라고 쓴 현판을 내걸었어요. 피화당은 '화를 피하는 집'

이라는 뜻이지요. 하지만 아무도 박씨부인이 왜 나무를 심는지, 무슨 화를 피한다는 것인지 알지 못했답니다.

## 신기한 벼루

어느 날, 집안이 온통 술렁거렸어요. 시백이 과거 시험을 치르러 한양에 가는 날이기 때문이지요. 시백이 막 떠나려는데, 계화가 시백을 찾아와 말했습니다.

"작은 나으리, 아씨께서 잠시 들렀다 가시기를 청하옵니다."

"사내 대장부가 과거 보러 가는데 아낙네가 무슨 일로 지체하게 하느냐?"

시백은 투덜거리며 별당으로 갔습니다. 그러고는 박씨부인에게

무뚝뚝하게 말했어요.

"장부가 큰일을 치르러 가는 길에, 정신을 흩뜨리는 이유가 뭐요?"

박씨부인은 묵묵히 옥돌로 된 벼루를 내밀었습니다. 벼루 둘레에는 용 그림이 아로새겨져 있었어요. 언뜻 봐도 귀해 보이는 벼루를 받아 들며 시백이 말했습니다.

"도대체 이게 뭐요?"

박씨부인은 지난밤 꿈 이야기를 들려주었습니다.

"연못에서 푸른 용이 벼루를 물고 하늘로 솟아오르는 꿈을 꾸었어요. 꿈이 하도 생생해 뒤뜰에 나가 봤더니 아닌 게 아니라 연못가에 이게 놓여 있었습니다."

시백은 신기해하며 벼루를 만지작만지작했습니다.

"정말 신기한 물건이로군."

"이걸 시험 보는 데 가지고 가시지요. 아마도 좋은 일이 있을 겁니다."

"그렇게 하리다."

시험장에는 전국 각지에서 온 선비들이 모여 있었어요. 다들 자리를 잡고 앉아 시험관이 과제 내주기를 기다리고 있었어요. 시백도 자리를 잡고 앉아 자세를 가다듬었지요.

'올해는 공부를 열심히 했으니 좋은 결과가 있겠지.'

잠시 후 시험관이 나타나 과제를 적은 종이를 벽에 붙였어요. 그것을 본 시백은 눈앞이 노래졌어요. 한 번도 생각해 보지 못한 문제였기 때문이지요. 시백은 땅이 꺼지게 한숨을 내쉬었습니다.

시백은 울렁거리는 마음을 애써 가라앉히며 박씨부인이 건네준 벼루에 먹을 갈았어요.

그런데 이상한 일이 벌어졌어요. 벼루에 먹을 가는 동안, 누군가 귀에 대고 말해 주는 것처럼 머릿속에 좋은 문장이 떠오르는 것이었어요. 게다가 웬일인지 평소와 달리 막힘없이 글이 써지는 것

같았지요. 시백은 물 흐르듯 붓을 놀려 가장 먼저 답안을 써내고 씩씩하게 일어나 나왔습니다.

잠시 뒤 시험관이 큰 소리로 결과를 발표했어요.

"이번 과거 시험의 장원은 이시백이오!"

시백은 기뻐서 어쩔 줄 몰랐습니다. 구름 위를 둥둥 떠다니는 기분이었어요. 시백은 들뜬 마음으로 임금 앞에 나아가 두 번 절하고, 임금이 내려 주시는 술을 세 잔 받아 마셨어요. 그러고는 머리에 치렁치렁 어사화를 드리우고 날아가듯 집으로 돌아왔습니다.

집은 축하하러 온 사람들로 발 디딜 틈이 없었고, 대감 부부는 너무 기쁜 나머지 걸음을 옮길 때마다 덩실덩실 춤을 추었어요.

한편 시백은 이상한 생각을 떨쳐 버릴 수가 없었습니다. 어째서 벼루에 먹을 갈자 누가 귓속말을 해 주는 것처럼 좋은 글귀가 떠올랐을까요?

시백은 속으로 중얼거렸어요.

'뭐, 이게 다 밤낮으로 부지런히 공부한 덕이겠지.'

그러고는 박씨부인에게는 고맙다는 말도 한마디 하지 않았습니다.

별당에도 잔치 소리가 시끌벅적하게 들려왔어요.

계화는 박씨부인에게 볼멘소리로 말했어요.

"작은 나으리는 어째서 아씨께 고맙다는 말 한마디 안 하실까요? 장원 급제한 게 누구 덕인데……."

박씨부인은 깜짝 놀라 물었습니다.

"그게 누구 덕이냐?"

"아씨, 제가 모를 줄 알고요? 제가 아씨를 모신 지 벌써 십여 년이나 되었습니다. 그간 아씨께서 지니고 계신 범상치 않은 능력을 직접 보고 들었지요. 이번에도 아씨가 신통력을 써서 시험장에 가신 것 다 알아요. 아씨가 작은 나으리 귀에 속닥속닥 문장을 불러 주었잖아요!"

"아니, 네가 그걸 어떻게 알았느냐?"

"그날 아씨께서 생전 처음으로 낮잠을 주무시는데, 가만히 곁에서 보니 눈을 감은 채 중얼중얼 글을 읊으시던걸요."

"계화야, 그렇다고 그게 어찌 내 힘이겠느냐? 사람의 복은 하늘에서 내려 주시는 거야. 서방님께서 복을 받을 만했던 거지. 그러니 다시는 내 덕이라고 말하지 말거라!"

그러자 계화는 눈물을 글썽이며 되물었어요.

"아씨는, 참. 세상에서 가장 착하고 덕 있는 아씨가 왜 이렇게 고생만 하고 계시는 거예요?"

박씨부인은 계화의 등을 다독였습니다. 그리고 나서 보일 듯 말 듯 한숨을 지으며 말했습니다.

"나한테도 좋은 날이 올 거야. 언제가 될지 알 수는 없지만."

## 허물을 벗은 박씨부인

　세월은 또 물처럼 흘러갔습니다. 다시 삼 년, 사 년…….
　시백은 나날이 지위가 높아졌습니다. 그럴수록 손님들도 문지방이 닳도록 드나들었고, 집안에는 웃음소리가 그치질 않았지요. 그러나 별당을 찾는 사람은 거의 없었어요.
　그러던 어느 날이었어요. 달빛이 무척이나 고운 밤이었지요. 박씨부인은 걱정이 가득한 얼굴로 뜰을 거닐고 있었어요. 그런데 하늘에서 귀에 익은 피리 소리가 나는가 싶더니 검은 그림자가 박씨

부인 앞에 불쑥 나타났습니다.

"아니, 아버님이 여길 어떻게…….."

"이 아비가 지은 죄 때문에 마음이 얼마나 괴로웠느냐? 이제 그 액운이 다 지나갔으니 아무 걱정 말거라. 이 달 보름날 내가 다시 올 터이니 벗은 허물을 담을 상자 하나만 준비해 두거라."

"아버님, 정말이세요?"

두 손을 꼭 잡은 부녀의 눈에는 굵은 눈물이 그칠 줄 몰랐습니다.

박씨부인은 이 대감에게 금강산에 계신 아버지가 다녀가신 말을 전하며 상자 하나를 부탁했습니다.

"무엇에다 쓰려고?"

"보름날이면 아시게 될 것입니다."

박씨부인은 얼마 남지 않은 보름날을 손꼽으며 기다렸습니다.

마침내 보름날이 되자, 공중에서 피리 소리가 은은하게 들리더니 박 처사가 학을 타고 이 대감 집에 나타났어요. 대감은 부랴부랴 박 처사를 맞았지요.

"사돈어른, 그동안 제 딸을 며느리로 맞아 얼마나 마음을 쓰셨습니까?"

"아닙니다. 제가 귀한 따님을 데려다가 고생만 시켜서 죄송할 따름입니다."

박 처사는 환한 얼굴을 하며 이 대감의 두 손을 맞잡고 말했습니다.

"사돈어른, 이제 걱정하지 않으셔도 됩니다."

"무슨 말씀이신지요?"

"딸아이의 액운이 다했습니다."

"그게 무슨 말씀이신지요?"

이 대감은 박 처사의 말에 어리둥절해하며 되물었지만 박 처사는 대답은 하지 않고 허허허 웃기만 했습니다. 대감은 궁금증이 뭉게뭉게 피어올랐습니다. 그러나 박 처사는 끝내 입을 열지 않았습니다.

붉은 해가 지고 환한 보름달이 하늘 높이 떠올랐습니다. 별당으로 가는 박 처사의 발걸음이 유난히 가벼웠습니다.

"애야, 이제 다 끝났다. 이제 곧 본래의 네 얼굴로 돌아갈 수 있을 것이다."

그러더니 박 처사는 딸을 남쪽을 향해 앉게 하고, 주문을 외기 시작했습니다. 그러자 흉하던 얼굴의 허물이 한 꺼풀씩 벗겨지는 게 아니겠어요?

 메뚜기 같았던 이마는 조금씩 앞으로 나오고, 우렁이처럼 우묵했던 눈은 제자리를 찾아갔습니다. 주먹만 했던 코는 점점 작아지고, 귀까지 찢어졌던 입도 어여쁘게 바뀌었습니다.
 시간이 얼마나 흘렀을까요? 아름다운 얼굴이 보름달처럼 환하게 나타났습니다. 박 처사는 눈물이 그렁그렁한 얼굴로 딸을 꼭 껴안아 주었습니다. 그러고는 허물을 상자에 넣으면서 말했습니다.
 "혹시 네 말을 믿지 않거든 이 허물을 보여 주거라."
 말을 마친 박 처사는 별당 뜰로 나가 홀연 공중으로 솟아올랐습니다. 피리 소리만 은은하게 들려올 뿐이었어요.
 박 처사가 그렇게 떠난 뒤 얼마나 지났을까요. 계화가 꽁지에 불이 붙은 것처럼 대감 처소로 달려왔어요. 그러고는 숨이 턱까지 차서

겨우 말을 했습니다.

"대, 대, 대감마님, 어서 별당으로 가 보세요."

"왜 그러느냐, 며늘아기한테 무슨 일이라도 생겼느냐?"

"글쎄, 어서 가 보시라니까요."

이 대감은 걱정이 되어 허둥지둥 별당으로 향했어요. 그동안 계화는 또 한달음에 시백과 마님, 온 집안 식구를 별당 앞으로 불러 모았지요.

이 대감은 별당에 도착하자마자 며느리 방 앞에서 걱정이 가득 담긴 목소리로 물었습니다.

"아가, 무슨 일이 있느냐. 몸이 편찮으냐?"

그러자 방문이 스르르 열리더니 여인 하나가 고개를 수그리고 나와 천천히 인사를 했어요. 세상에 둘도 없는, 하늘나라 선녀처럼 보이는 어여쁜 여인이었습니다.

피부는 백옥처럼 하얗고 또렷한 눈동자는 까만 버찌 같았어요. 입술은 빨간 앵두처럼 귀엽고 탐스러웠으며, 코는 아담하면서 오똑했답니다.

박씨부인은 눈을 휘둥그레 뜬 채 아무 말도 못하고 있는 이 대감을 방으로 모셨습니다. 들어가 보니 기이한 향내가 방 안에 가득했습니다.

박씨부인은 이 대감에게 다소곳이 절을 올렸습니다.

"아버님, 며느리 다시 인사드리옵니다."

이 대감은 아직도 놀란 기색을 하고서 물었어요.

"네가 내 며느리란 말이냐?"

"그렇습니다. 아버님."

"어떻게 이런 일이……."

"오래전에 저희 아버지께서 하늘의 뜻을 어기신 적이 있사옵니다. 인간 세상을 너무 사랑하셔서 흉년이 들 걸 미리 알려 준 것이지요. 옥황상제께서 이를 알고 크게 노하여 아버지를 지상 세계인 금강산으로 내쫓으셨습니다. 그리고 아버지의 죄가 자식인 저에게까지 미쳤답니다."

박씨부인이 눈물을 글썽이며 자초지종을 말하는 동안, 이 대감은 점차 마음이 가라앉았습니다. 그래도 이 대감은 믿기지 않는다는 듯이 다시 물었습니다.

"네가 정말 내 며늘아기란 말이냐?"

"믿기 어려우시겠지요. 이것을 보면 의심이 풀리실 겁니다."

이 대감은 상자에 켜켜이 담긴 허물을 확인하고서야 이 아름다운 여인이 자신의 며느리임을 믿을 수 있었습니다. 지난 세월 동안 며느리가 당한 고통을 돌이켜 보는 대감의 눈에도 어느새 이슬이 맺혔습니다.

잠시 후 대감은 부인과 시백을 방으로 들어오게 했습니다. 식구들은 놀라고 또 놀랐어요. 과연 박씨부인은 예전의 그 사람이 아니었어요. 아무리 보아도 인간 세상 사람이 아니라 하늘에서 내려온 선녀와 같았습니다.

시어머니도 벌어진 입을 다물 줄 몰랐습니다. 하지만 부끄러운 마음에 쥐구멍이라도 찾고 싶은 심정이었어요.

시백은 아내의 모습을 보고는 가슴이 쿵쾅거렸어요. 하지만 이제까지 자신이 아내를 얼마나 구박했는지 생각하니 선뜻 '부인!' 하고 부를 수가 없었습니다.

아름다운 박씨부인을 보고도, 시백은 혼자 발길을 되돌릴 수밖에 없었습니다. 지난날의 잘못으로 아내가 허물 벗은 것을 축하할 수도 없었지요. 이를 본 이 대감이 한마디 했습니다.

"네 처를 박대하지 말라고 그토록 일렀건만……. 나중에라도 용서를 빌거라."

"……."

시백은 아무 말도 못했어요. 이윽고 밤이 되자 시백은 안절부절 못했습니다. 부인이 있는 별당으로 가자니 어색하고, 한편으론 그 모습을 다시 보고 싶은 마음이 간절했습니다.

'그래, 들어가서 지난날의 잘못을 빌고 용서를 구하리라.'

시백은 용기를 내어 별당으로 가 아내 앞에 섰습니다. 하지만 막상 그 앞에 가니 고개조차 들 수가 없었어요.

시백은 어렵사리 입을 뗐어요.

"부인, 내가 잘못했소. 용서해 주시구려."

"무엇을 잘못했는지 아시는지요?"

"……."

시백은 박씨부인의 말에 말문이 막혔습니다.

"서방님, 어제의 저와 오늘의 저는 다른 사람이 아닙니다."

"그게 무슨 말이오?"

"아직도 모른단 말씀인가요? 나비와 애벌레는 같은 거랍니다."

시백은 예전에 박씨부인과 나누었던 대화가 생각났어요. 그땐 별 이상한 소리를 다 한다고 생각했는데, 이제야 그 뜻을 알 수 있었지요. 시백은 털썩 무릎을 꿇었습니다.

"서방님께서 제 얼굴 때문에 이러시는 거라면 전 받아들일 수 없습니다."

"부인, 이제 와서 내 무슨 낯으로 부인에게 용서를 구하겠소."

고개를 숙인 시백의 눈에서 눈물이 흘러내렸습니다. 잠시 남편을 쳐다보던 박씨부인이 입을 열었습니다.

"무엇이 잘못인지 아셨다니 이제 됐습니다. 앞으로 겉모습만으로 판단하고 무시하는 이런 잘못을 하지 마세요."

시백은 아내의 두 손을 꼭 잡고, 다시는 어리석은 짓을 하지 않겠다고 다짐했습니다. 이 대감은 더욱더 박씨부인을 아꼈고 시어머니도 며느리를 더 이상 구박하지 않았습니다.

## 청나라의 음모

이시백과 박씨부인이 살던 인조 임금 때는 세상이 크게 변하던 시절이었습니다.

명나라가 수백 년간 중국을 다스려 오고 있었는데 만주 땅에서 후금이라는 나라가 일어나 명나라와 세력을 다투게 된 것입니다.

사납고 싸움 잘하기로 유명한 후금은 명나라와 싸워 번번이 이겼어요. 결국 명나라는 망하고 후금은 청으로 이름을 바꾸어 중국을 다스리게 되었습니다.

이제 중국 대륙의 주인이 된 청나라는 명나라와 형제 관계를 맺고 있던 우리나라를 치기로 마음먹었습니다. 학문이 깊고, 뛰어난 인물이 많은 조선을 명나라 이상으로 두려워했기 때문입니다.

청나라 황제는 신하들을 불러 놓고 조선을 어떻게 공격할 것인지 궁리했어요.

"이제 명나라도 망했으니 조선만 이기면 한시름 놓겠다. 좋은 생각이 있으면 말해 보라."

"폐하, 이만한 군사로 조선과 같이 조그만 나라를 이기는 것은 식은 죽 먹기입니다. 당장 쳐들어가 항복을 받아 오겠습니다."

"명나라를 쓰러뜨린 우리가 조선을 무너뜨리지 못하겠습니까?"

신하들은 다들 자신만만해하며 호기 있게 말했어요. 그런데 이 소란을 뚫고 낯선 목소리가 끼어들었습니다.

"폐하, 조선을 만만하게 봐서는 안 됩니다. 조선은 예로부터 재주 있는 인물이 많은 나라입니다. 요즘 별자리를 보니 동쪽에 유난히 빛나는 별이 있는데, 아마도 조선에 걸출한 인물이 태어난 것 같습니다. 그 자를 먼저 없애지 않으면, 조선을 무너뜨리는 것은 명나라를 무너뜨린 것보다 몇 배 더 힘들지도 모릅니다."

바로 황후였어요. 황후는 별의 흐름을 읽어 내고 천리 밖의 일도 손금 들여다보듯 환하게 알 수 있는 신통력을 지닌 사람이었지요. 황후가 말을 꺼내자 신하들은 아무 말도 하지 못하고 머리를 조아렸어요.

황제가 걱정이 되어 황후에게 물었어요.

"그러면 어떻게 해야 하겠소?"

"먼저 날랜 자객*을 보내어 그를 찾아내 죽여야 할 것입니다."

"누굴 보낸단 말이오?"

황후는 잠시 생각하다 말했어요.

"기홍대가 좋겠습니다."

"기홍대가 누구요? 처음 듣는 이름인데?"

"기홍대는 제가 아끼는 여자아이인데, 지난번 명나라 조정의 중신들을 죽이는 데도 공을 세웠습니다."

"여자 자객이란 말이오? 그렇게 솜씨가 뛰어나다면 어서 불러오시오."



*자객 : 사람을 몰래 암살하는 일을 전문으로 하는 사람.

잠시 후, 기홍대는 황제 앞에 무릎을 꿇고 엎드렸습니다.

기홍대는 곱상한 얼굴에, 누가 봐도 양갓집 규수라고 생각할 만한 여자였지요. 언뜻언뜻 눈길에서 서릿발 같은 기운이 뿜어 나오는 것만 빼고요.

황제는 사람의 가슴을 꿰뚫을 듯한 기홍대의 눈빛을 피하며 말했습니다.

"네가 기홍대냐? 조선에 있다는 걸출한 인물을 없애려면, 마땅히 그럴 만한 재주를 지녀야겠지? 어디 네 솜씨 한번 보자."

황제의 말이 끝나기가 무섭게 기홍대는 품에서 날카로운 칼을 꺼내 들었어요. 그러고는 그 칼을 공중으로 휙 날렸지요.

칼은 순식간에 제비로 변해 허공을 날아다니다 다시 칼로 바뀌었어요. 그러더니 얼이 빠진 채 그 광경을 보고 있던 한 신하의 턱수염을 댕강 자르고 다시 기홍대의 손으로 돌아왔지요. 신하들은 물론 황제까지도 손뼉을 치며 감탄했어요.

"과연 훌륭한 솜씨로다. 그만하면 귀신이라도 능히 없앨 만하겠구나. 만약 이번 일을 잘 마치면 그대에게 커다란 상을 내리겠노라."

기홍대는 곧 길을 떠났어요. 황후가 일러 준 대로 동쪽 하늘에서 빛나는 별을 따라 조선으로 내려왔어요. 그 별은 시백의 집을 가리키고 있었습니다.

## 자객 기홍대

하루는 박씨부인이 밤하늘을 살펴보다가 이상한 기운을 발견했어요.

'불길하다. 나라의 운명이 위태롭구나.'

박씨부인은 걱정에 싸여 시백에게 곧장 달려갔습니다.

"얼마 후 낯선 사람이 하나 찾아와 하룻밤 묵어 가자고 부탁할 것입니다. 그러면 다른 건 더 묻지 마시고 제게 보내 주세요."

"그 사람이 누구란 말이오?"

"북쪽 오랑캐가 보낸 자객입니다."

"뭐, 뭐라고요?"

시백은 깜짝 놀라며 대답했습니다.

"알았소. 내 당신만 믿겠소."

박씨부인은 계화를 불러 말했어요.

"너는 지금부터 술을 담그되 순한 술과 독한 술을 반반씩 담그거라. 그랬다가 내가 술을 내오라 하거든 순한 술은 내 쪽에 놓고 독한 술은 손님 쪽에 두거라."

계화는 '무슨 일일까?' 의아했지만 박씨부인이 시키는 대로 순한 술과 독한 술을 담갔어요.

며칠이 지나, 아리따운 여인 하나가 찾아와 주인을 만나기를 청했어요. 여인은 시백에게 시골에서 올라와 친척집을 찾는데 길을 잃었다며 하룻밤만 묵게 해 달라고 부탁했어요. 시백은 박씨부인이 한 말이 떠올랐지만 설마 오랑캐가 보낸 자객이 여자일 리가 없다고 생각했지요.

그러나 박씨부인은 이 여인이 자객이라는 걸 한눈에 알아차렸어요. 그래서 계화에게 술상을 차려 오도록 했어요.

시백은 아름다운 낯선 여인을 바라보며 걱정하는 마음으로 말을

건넸어요.

"무슨 중요한 일로 친척을 찾아가는 길인가 보군요. 아녀자 혼자 길을 나서다니요."

여인은 눈물을 글썽이며 대답했습니다.

"아버님 병이 위중하여 소식을 알리러 가는 길입니다."

박씨부인은 여인에게 술을 권하며 말했습니다.

"자, 시름을 잊고 술 한잔 받으세요. 약재를 넣어 만든 약주라 피로가 풀릴 겁니다."

하지만 여인은 술을 마시지 못한다며 손사래를 쳤습니다. 그러자 눈치 없이 시백이 나섰어요.

"허허, 아녀자에게 술을 권하다니! 대신 내가 마시리다."

박씨부인이 말릴 틈도 없이 시백은 술을 훌쩍 들이켰어요. 맛이 좋은지 그것도 연거푸 세 잔이나요. 그러고는 취해서 잠이 들고 말았어요.

그것을 보고 기홍대는 보통 독한 술이 아님을 눈치챘어요. 그러고는 더욱 몸을 사리고 있었지요.

'이런, 낭패로구나!'

박씨부인은 궁리하다가 여인의 경계심을 풀어 줘야겠다고 생각했어요. 그래서 자기 몫으로 나온 순한 술을 연거푸 마시고는 크게 취한 척했지요.

기홍대는 박씨부인이 어서 취하기를 기다렸습니다.

'그래, 더 마셔라. 술이 독하니 금방 취하겠지. 정신을 잃으면 네 목숨은 내 것이다.'

마침내 박씨부인은 취기가 도는 척하며 술상에 엎드렸어요.

'이때다!'

기홍대는 박씨부인을 향해 칼을 날렸어요. 하지만 박씨부인은 고개를 들지도 않고 술잔으로 칼을 막아 냈어요. 칼은 쨍 소리를 내며 튕겨 나간 뒤 제비로 변해 공중을 날았어요. 그 순간 박씨부인은 주문을 외워 매로 변했어요. 그러고는 제비를 향해 무섭게 달려들어 목을 물어뜯어 버렸지요.

박씨부인이 다시 처음 모습으로 돌아오자 술상 위에 이가 다 빠진 칼이 툭 하고 떨어졌어요.

"아니 이럴 수가!"

기홍대는 날쌔게 박씨부인에게 몸을 날렸어요. 하지만 어느새 박씨부인은 옆으로 슬쩍 비켜섰지요. 화가 난 기홍대는 손으로 술상을 내리쳤습니다. 술상은 도끼로 내리친 듯이 양쪽으로 쩍 갈라졌어요.

하지만 박씨부인은 눈 하나 꿈쩍하지 않고 옷자락에서 부채를 꺼냈어요. 그러고는 몹시 더운 듯 부채를 살랑살랑 부쳤어요.

이를 본 기홍대는 앙칼진 소리로 물었어요.

"뭘 하는 게냐?"

그러자 박씨부인은 입가에 웃음을 띠며 부드러운 목소리로 말했습니다.

"좀 덥지 않느냐?"

박씨부인은 기홍대를 향해 부채 바람을 보냈어요. 그러자 이게 웬일일까요? 기홍대의 몸이 둥둥 떠오르더니 천장까지 올라가 버리는 것이었어요.

기홍대는 겁에 잔뜩 질려 소리쳤어요.

"어서 내려놓지 못할까?"

박씨부인은 기홍대를 노려보며 부채질을 멈추었습니다. 그러자 기홍대는 천장에서 방바닥으로 '쿵!' 곤두박질쳤어요. 그리고 박씨부인은 기홍대가 미처 피할 틈도 주지 않고 눈앞으로 다가가 부채로 그녀의 목을 겨누었습니다.

박씨부인은 서릿발 같은 목소리로 호통을 쳤어요.

"이 요망한 것! 일찍부터 네가 오기를 기다리고 있었다. 내가 네게

무슨 잘못을 했기에 나를 죽이려 하느냐? 우리나라가 너희 나라에 무슨 잘못을 했기에 우리나라를 넘보고 있느냐?"

기홍대는 얼굴이 하얗게 질려 간절히 빌었어요.

"부인, 제가 부인에게 무슨 원한이 있겠습니까? 다만 황제의 명으로 왔을 뿐이지요. 이번만 제 목숨을 살려 주신다면 황제께 다시는 조선을 넘보지 말라고 간청하겠습니다."

박씨부인은 애걸하는 기홍대의 모습이 불쌍해 보였습니다. 또한 황제가 잘못이지 자객이 무슨 잘못이 있겠느냐고 생각하며 말했습니다.

"거짓말은 아니겠지? 이번만 살려 줄 테니 가서 황제에게 전해라. 조선을 넘보면 살아남지 못할 거라고. 네가 또다시 무고한 사람을 죽이려 들면 네 목숨은 이 부채가 가져갈 터이니 명심하거라!"

박씨부인은 말을 마치고 부채를 들어 바람을 일으켰어요. 시원한 바람이 불 뿐인데도 기홍대는 비명을 지르며 두 손으로 얼굴을 감쌌어요. 그러고는 몇 번이나 "알겠습니다, 목숨만 살려 주십시오." 하며 애걸했어요. 박씨부인이 길을 터 주자 기홍대는 박씨부인에게 절을 하고는 순식간에 도망쳐 버렸어요.

얼마 후 술이 깬 시백이 부스스 눈을 떴어요. 난장판이 된 방 안을 보고 깜짝 놀랐지요.

"이게 어찌 된 일이오?"

박씨부인이 시백을 놀리듯 물었습니다.

"잘 주무셨습니까?"

"그 여인은 어디 갔소?"

"제가 멀리 쫓아냈지요. 그 여인이 바로 청나라에서 보낸 자객이었습니다."

"아니, 그럴 리가!"

"서방님께선 지난번의 깨우침을 벌써 잊으셨군요. 또다시 겉모습에 혹해서 일을 그르칠 뻔했습니다."

시백은 박씨부인의 말에 고개를 들 수 없었습니다.

시백은 곧장 대궐로 들어가 인조 임금에게 그날의 일을 알렸습니다. 이를 듣고 임금은 북쪽 국경을 더욱 철통같이 지키도록 명령을 내렸지요.

## 쳐들어오는 오랑캐

 기홍대는 청나라로 돌아가 박씨부인의 재주를 낱낱이 고했습니다. 그리고 섣불리 조선을 공격하면 큰 어려움에 처할 것이라고 말했어요.
 황제는 뜻밖의 일에 놀라며 한숨만 지었습니다.
 "그러면 어떻게 해야 한단 말이냐?"
 신하들은 황제의 눈치를 보며 아무 말도 하지 못했습니다. 이때 또다시 황후가 나서며 말했어요.

"조선에는 박씨부인 같은 비범한 인물도 있지만 이를 시기하는 간신\*의 무리도 적지 않은 듯하옵니다. 이들을 이용하면, 힘들이지 않고 조선의 항복을 받아 낼 수 있을 것입니다."

황제는 다그치듯 황후에게 물었습니다.

"자세하게 말해 보시오. 조선의 간신을 이용하다니?"

황후는 카랑카랑한 목소리로 자신 있게 말했습니다.

"조선의 임금이 박씨부인의 말에 따라 북방의 경계를 늦추지 말라고 명령했답니다. 허나 간신들이 박씨부인을 여자라고 깔보며 이러쿵저러쿵 말이 많습니다. 그럴 때 우리는 임경업 장군이 지키고 있는 압록강 쪽을 피해 두만강 쪽 국경을 치고 들어가는 것입니다. 물론 박씨부인은 우리가 이럴 것을 알고 있습니다. 하지만 임금이 박씨부인의 말을 듣지 않을 테고, 대신들과 여러 장군들도 우리가 압록강 쪽으로 쳐들어갈 거라고 아뢸 테니까요."

황후의 계략을 들은 황제는 기뻐하며 말했습니다.

"참 좋은 생각이오. 그럼 우리는 손쉽게 조선 땅을 얻게 되겠구려."

\*간신 : 간사한 신하.

황제는 백만 대군을 일으켜 조선으로 쳐들어갈 계획을 세우고, 청나라에서 가장 용맹한 장수인 용골대, 용울대 형제를 불렀어요. 두 형제는 키가 구척장신인 데다, 성질은 굶주린 사자처럼 사나웠어요. 황제는 그들에게 백만 대군을 이끌도록 했어요. 청나라 군사들은 압록강을 지키고 있는 임경업 장군을 피해 동쪽으로 쳐들어왔어요.

한편 박씨부인은 별의 흐름을 읽고 청의 군대가 밀려들고 있다는 것을 알았어요. 그래서 급히 시백에게 이 사실을 알렸습니다.

"지금 북방 오랑캐가 백만 대군을 이끌고 우리나라로 쳐들어오고 있습니다."

"큰일이로군! 어떻게 그들을 막는단 말이오?"

"압록강 쪽을 지키고 있는 임경업 장군을 두만강 쪽으로 보내 오랑캐를 막아야 합니다."

그러자 시백은 고개를 갸우뚱하며 물었습니다.

"압록강 쪽 길이 더 평탄하고 한양까지 가깝지 않소? 청나라 오랑캐는 분명 그쪽으로 쳐들어올 것이오."

"그렇기는 합니다. 하지만 청나라 군사들은 임경업 장군의 이름만 들어도 벌벌 떱니다. 그래서 좀 둘러 가더라도 안전한 두만강 쪽으로 쳐들어올 것입니다. 틀림없어요."

이 말을 들은 시백은 고개를 끄덕였어요. 그러고는 급히 대궐에 들어가 임금께 부인이 일러 준 대로 아뢰었어요.

소식을 접한 조정은 발칵 뒤집혔어요. 박씨부인의 말을 믿는 사람도 있었지만, 믿지 않는 사람이 더 많았습니다. 더구나 북쪽 오랑캐가 쉬운 길을 마다하고 동쪽으로 쳐들어올 리가 없다고 생각하는 사람이 많았어요. 신하들은 저마다 의견을 내놓았습니다.

"전하, 얼마 전까지 국경 근처에는 오랑캐의 움직임이 전혀 없었습니다. 좀 더 알아본 뒤 명을 내리셔도 늦지 않을 것입니다."

"아닙니다, 전하. 박씨부인의 말에도 일리가 있습니다. 지금 한시가 급한 때입니다. 당장이라도 대비하지 않으면 안 됩니다."

그때 병조판서*인 김자점이 나섰어요.

"박씨부인의 말은 전혀 근거가 없습니다. 청나라는 압록강을 지키고 있는 임경업 장군의 용맹을 익히 알고 있어 쉽게 쳐들어오지 못할 것입니다. 그러나 만일 쳐들어온다면 가까운 압록강 쪽 길을 택할 게 분명합니다. 만약 박씨부인의 말대로 임경업 장군을 두만강 쪽으로 보냈다가 일이 잘못되면 어쩌시렵니까? 청나라가 압록강을

---

*병조판서 : 군사와 국방에 관한 일을 보는 병조의 으뜸 벼슬.

건너온다면 순식간에 한양까지 함락될 것입니다."

인조 임금은 김자점의 말도 일리가 있다고 생각했습니다. 그러자 김자점은 더욱 자신만만하게 덧붙였습니다.

"전하, 병법도 모르는 아녀자의 말을 따라서는 아니 되옵니다. 관복을 하룻밤 사이에 짓는 재주를 보이고, 청나라에서 보낸 자객을 물리쳤다는 말도 들었습니다. 하지만 박씨부인은 전쟁이라고는 전혀 모르는 한낱 아녀자일 따름입니다. 그러니 어찌 그런 여자의 말을 듣고 나라의 큰일을 결정하려 하십니까? 임경업 장군은 지금 그대로 두시고, 좀 더 알아본 후에 대처하는 게 옳을 듯합니다."

임금은 김자점의 말을 듣고 마음이 흔들렸습니다. 그래서 사태가 어떻게 돌아가는지 지켜보고 결정을 내리기로 했어요.

시백이 힘없이 집으로 돌아와 박씨부인에게 그 말을 전하자 박씨부인은 하늘을 우러르며 깊이 탄식하였습니다.

'북쪽 오랑캐가 쳐들어오고 있는데도, 여자의 말이라고 듣지 않다니. 이제라도 임경업 장군을 불러들여 오랑캐를 막으면 좋으련만. 속절없이 손을 놓고 있으니, 오랑캐들이 조선 땅을 짓밟고 말겠구나.'

백만 대군에 이르는 청나라 군사들은 거칠 것 없이 조선 땅으로 내려와 닥치는 대로 백성들을 죽였어요. 이들이 지나간 자리에는 구슬픈 통곡 소리만이 울려 퍼졌지요.
 시백은 난리가 나자 곧바로 대궐로 들어가 임금을 모셨고, 박씨부인은 하인들과 함께 집을 지켰습니다. 인조 임금은 왕비와 대신들을 강화도로 피난 보냈어요. 임금도 마지막까지 대궐을 지키다가 끝내

피난길에 올랐지요. 남은 신하들을 이끌고 강화도로 향하는데 길이 얼어붙어 얼마 가지 못했어요. 그러던 중에 강화도가 적군들에게 포위되었다는 소식을 전해 들었어요.

　인조 임금은 밤하늘을 쳐다보며 큰 한숨을 지었습니다.

　"어리석도다. 박씨부인의 말을 듣고 미리 대비했다면 이런 낭패가 없었을 것을……."

　시백은 후회하는 임금의 모습을 안타깝게 바라보며 말했습니다.

　"전하, 우선 남한산성으로 피신하시는 것이 좋을 듯합니다."

　신하들은 하는 수 없이 발걸음을 돌려 남한산성으로 임금을 모셨

습니다. 임금 일행은 남한산성에 도착하자마자 성문을 굳게 닫았어요. 그렇지만 얼마 지나지 않아 청나라 군사들이 남한산성까지 쳐들어왔어요. 용골대가 이끄는 군사들은 남한산성 주위를 겹겹이 에워싼 채 항복하라고 날마다 위협했어요.

한편 동생 용울대가 이끄는 군사들은 도성에 남아 백성들을 죽이고 곡식과 재물을 마음껏 빼앗아 갔어요. 박씨부인의 재주를 익히 들어 알고 있던 용울대는 피화당 앞까지 쳐들어와 소리쳤습니다.

"여기가 박씨라는 요망한 계집이 사는 곳이냐? 어서 나와 내 칼을 받아라! 기홍대가 당한 수모를 갚아 주리라."

용울대는 의기양양하게 피화당으로 발을 들여놓았어요. 피화당에는 나무들이 빽빽하게 우거져 있어 낮인데도 밤처럼 어두컴컴했어요. 나무들 사이로는 안개가 자욱하게 피어오르고 있었습니다. 그것을 본 용울대의 부하들이 겁을 먹고는 앞으로 나아가려 하지 않았어요.

"에이, 겁쟁이 녀석들! 내가 먼저 들어갈 테니 너희는 내 뒤를 따르라!"

용울대는 큰 소리로 외치며 성큼성큼 발걸음을 옮겼습니다. 그때였어요. 갑자기 검은 구름이 하늘을 뒤덮더니, '번쩍, 우르릉 쾅!'

땅을 쪼갤 듯한 기세로 천둥 번개가 치기 시작하는 거예요.

그러더니 이게 웬일일까요? 빽빽하게 늘어서 있던 나무들이 갑옷을 입은 병사로 변했어요. 병사들의 얼굴에는 아무 표정이 없이 나무 무늬만 선명하게 나타났어요. 병사들의 손에는 나뭇가지가 변한 날카로운 창과 칼이 쥐어져 있었습니다.

"으악!"

청나라 군사들은 귀신에 홀린 듯 뒷걸음질하며 달아나기 시작했어요. 나무 병사들은 쿵쿵 소리를 내며 청나라 군사들을 뒤쫓았어요.

용울대는 화가 나서 별당으로 뛰어 들어가며 소리쳤어요.

"이 요망한 계집!"

박씨부인은 별당 마루로 성큼 나서며 외쳤습니다.

"내 오래 전부터 너희들이 올 줄 알고 있었다. 너희들이 저지른 짓 때문에 얼마나 많은 사람들이 죽고 얼마나 많은 어린아이들이 부모를 잃은 채 울고 있는지 아느냐? 내 너희를 절대 용서하지 않을 것이다."

박씨부인은 옆에 있는 나뭇가지 하나를 뚝 잘랐어요. 공중에 한 번 휘젓자 나뭇가지는 날카로운 칼로 변했어요. 용울대는 그것을 보고

코웃음을 쳤어요. 그러고는 반달같이 생긴 커다란 칼을 휘두르며 박씨부인에게 달려들었어요. 하지만 박씨부인은 슬쩍 옆으로 비켜설 뿐이었지요.

용울대는 더욱 화가 나 멧돼지처럼 박씨부인을 덮쳤어요. 이번에도 박씨부인은 살짝 몸을 피했어요. 몇 번이나 칼이 빗나가자 용울대는 화가 머리끝까지 치솟았어요. 용울대가 마지막 힘을 다해 칼로 내리치는 순간 박씨부인은 한 발자국 뒤로 물러섰어요. 다음 순간 박씨부인은 용울대의 발을 걸어 쓰러뜨리고 칼로 목을 겨누고 있었어요.

박씨부인은 용울대의 눈을 노려보고 목을 힘껏 누르며 말했습니다.

"불쌍하고 가련하다. 장부라 으스대더니 나 같은 여자 하나도 당하지 못하느냐?"

용울대는 분하여 이를 갈았습니다.

"분하다. 사내대장부가 여자 손에 죽다니."

"너희 황제가 하늘의 뜻을 거역하고 하룻강아지 같은 너를 보냈거늘, 네 목숨은 내 손에 달려 있다."

말을 마친 박씨부인이 칼을 번쩍 드는가 싶더니 용울대의 목은 벌써 땅 위를 구르고 있었습니다.

## 외적을 물리치는 박씨부인

 남한산성에 포위되어 있던 인조 임금은 더 이상 버티지 못하고 용골대에게 항복하고 말았습니다. 성 안에 쌓아 두었던 곡식도 바닥이 났고, 강화도도 청나라 군사들에게 함락되어 중전*과 대군*, 그리고 많은 신하들이 포로가 되어 버렸기 때문이지요.
 전국 각지에서 의병이 일어났지만, 이미 임금이 항복한 뒤라 싸움

*중전 : 왕비를 높여 이르던 말.
*대군 : 임금의 아들.

한번 제대로 못해 보고 뿔뿔이 흩어질 수밖에 없었어요.

청나라는 전쟁에서 이긴 대가로 많은 조공*을 요구했어요. 그리고 볼모로 중전과 세자를 데려가겠다고 을러댔어요.

한편 동생 용울대가 죽었다는 소식을 전해 들은 용골대는 울음을 터뜨렸습니다.

"누가 내 아우를 죽였단 말이냐? 동생의 원수를 갚지 못하면 청으로 돌아가지 않겠다!"

용골대는 이를 빠드득 갈았어요. 옆에서 이를 지켜보고 있던 몇몇 부하들이 용골대를 말렸습니다.

"들자 하니 피화당 뜰에는 기이한 나무들이 가득한데, 온갖 재간을 부린답니다. 감히 싸우려 들지 말고, 그냥 피해 가는 것이 좋을 듯합니다."

이 말을 들은 용골대는 더욱 화가 치밀어 곧바로 피화당으로 향했습니다.

피화당에 도착한 용골대는 병사들에게 명령을 내렸습니다.

"저 나무들을 하나도 남기지 말고 모두 베어 버려라!"

*조공 : 종속국이 종주국에 예물을 바치던 일, 또는 그 예물.

어느 누구도 용골대의 불 같은 명령을 거역할 수 없었습니다. 청나라 군사들이 쭈뼛쭈뼛 나무를 베려고 할 때, 갑자기 바람이 휘몰아치고 안개가 자욱하게 피어올랐습니다. 곧 나무들이 군사로 변하여 에워싸니 청나라 군사들의 주검이 순식간에 산처럼 쌓였습니다.

용골대는 징을 쳐 군사를 후퇴시켰어요. 용골대는 박씨부인을 쉽게 공격할 수 없음을 깨닫고, 이번에는 김자점을 피화당으로 끌고 왔습니다. 그러고는 김자점에게 박씨부인을 설득하도록 시켰어요.

평소에 박씨부인을 시기했던 김자점은 용골대가 시키는 대로 외쳤습니다.

"이미 전쟁이 끝났으니 박씨는 저항하지 말라. 임금께서 청나라를 주인으로 섬기기로 했는데 이렇게 싸우는 것은 임금의 뜻에 어긋나는 일이다. 당장 나와 사죄하라."

그런데도 박씨부인이 나오지 않자 김자점은 나무에 불을 지르기 시작했어요. 그러자 기다렸다는 듯이 청나라 군사들도 사방에 불을 질렀습니다. 불길은 하늘로 치솟아 단숨에 피화당 뜰로 타들어 갔어요.

그때였습니다. 박씨부인이 주렴*을 걷어 올리고 부채를 부치니, 타오르던 불길이 갑자기 청나라 군사 쪽으로 번지기 시작했어요. 너무나 갑작스러운 일이라 청나라 군사들은 피할 겨를도 없었습니다.

불길은 여기저기 불을 놓던 김자점에게 제일 먼저 확 번졌어요. 별당 뜰에 있는 나무들이 모조리 불기둥이 되었지요.

불꽃은 바람을 타고 청나라 군사들을 덮쳤어요. 청나라 군사들은 불을 피해 도망가려 했지만 나무가 너무 빽빽하여 나가는 문이 어디

*주렴 : 구슬 따위를 꿰어 만든 발.

인지 찾을 수가 없었어요. 피화당 뜰은 커다란 숯덩이로 변해 갔고 군사들의 비명 소리가 끊이지 않았어요. 김자점도 도망치다 결국 청나라 군사의 말발굽에 밟혀 죽었습니다. 불에 타 죽은 군사들이 반, 도망치려다 밟혀 죽은 군사가 반이었지요.

용골대는 가까스로 피화당에서 도망쳐 나왔어요. 그러고는 눈을 부라리며 소리쳤습니다.

"분하고 원통하다. 그렇다면 박씨부인 대신 성안의 부녀자들을 잡아가리라."

용골대는 성안에 사는 부녀자들을 보는 족족 잡아 밧줄로 꽁꽁 묶게 했습니다. 중전과 세자를 앞에 세우고, 수많은 부녀자들을 뒤에 세우고는 한 줄로 이어 묶었습니다. 그러고는 이들을 끌고 서둘러 북쪽을 향해 떠났습니다.

마침내 한양을 벗어나자 용골대는 마음을 놓았습니다.

"이제 쫓아오지 못하겠지."

그런데 갑자기 허공에서 호통 소리가 들려왔습니다.

"용골대야, 어디를 도망가려 하느냐?"

용골대가 소리 나는 쪽으로 고개를 돌리자, 바로 머리 위에 흰 구름을 탄 박씨부인의 모습이 보였어요.

'이크, 큰일났다!'

용골대는 더욱더 채찍을 세게 휘두르며 길을 재촉했어요. 그러면서 겨우 용기를 내어 소리쳤어요.

"너희 나라 왕이 이미 항복하고 중전과 세자를 데려가도록 했다. 길을 막지 말거라!"

박씨부인은 용골대의 건방진 태도를 보고 더욱 목소리에 힘을 주어 외쳤습니다.

"그토록 많은 사람을 죽였는데 아직도 무엇이 모자라서 이들을 데려가느냐. 이들이 무슨 죄가 있느냐! 당장 풀어 주지 않으면 목숨이 붙어 있지 못할 것이다!"

하지만 용골대는 들은 척도 하지 않고 더욱 세차게 말을 몰았습니다.

박씨부인은 하는 수 없이 하늘을 우러러 주문을 외웠습니다. 그러자 갑자기 눈보라가 몰아쳤어요. 눈은 금세 군사들의 발을 덮었어요. 청나라 군사들의 발이 꽁꽁 얼어 땅에 붙어 버리고 말았지요. 군사들은 돌이 된 것처럼 한 발자국도 움직일 수가 없었습니다.

박씨부인은 서슬 퍼런 목소리로 외쳤어요.

"그들을 풀어 주어라. 그렇지 않으면 한 사람도 너희 나라로 돌아가지 못할 것이다!"

마침내 용골대는 박씨부인의 손에서 벗어날 수 없다는 것을 깨달았어요. 그제야 칼을 버리고 꿇어앉아 목숨을 구걸하기 시작했어요.

"부인, 시키는 대로 할 테니 부디 목숨만 살려 주시오."

박씨부인은 중전과 세자, 그리고 부녀자들을 풀어 주게 하고, 용골대와 청나라 군사들에게 빨리 조선 땅을 떠날 것을 명령했습니다. 용골대는 박씨부인에게 거듭 머리를 조아리고 남은 병사들을 데리고 황급히 떠났습니다.

박씨부인은 중전과 세자, 부녀자들을 이끌고 한양으로 돌아왔습니다. 대궐에는 이미 인조 임금과 신하들이 남한산성에서 돌아와 있었어요. 박씨부인은 오랜만에 임금을 호위했던 남편과 만나게 되었지요.

　박씨부인이 한 일을 전해 들은 인조 임금은 박씨부인과 시백을 궁궐로 불러 고마움을 전했어요. 그리고는 자신의 잘못을 부끄러워하며 떨리는 목소리로 말했습니다.

　"내가 일찍이 그대의 재주를 알고 있었으나 총기가 흐려져 그대의 말을 따르지 못했소. 이미 많은 백성들이 피를 흘리고 온 나라가 상처를 입었지만 이번 일을 결코 잊지 않겠소. 그리고 다시는 이런

일이 없도록 하겠소."

이어 임금은 박씨부인에게 말했습니다.

"우리가 비록 오랑캐에게 씻을 수 없는 치욕을 당했으나 그대는 홀로 조선의 기개를 보여 주었소. 내 그대의 공을 기려 그대에게 충렬부인이란 직첩*을 내리겠소."

그때부터 사람들은 박씨부인을 충렬부인이라고 불렀습니다. 박씨부인은 많은 사람들에게 존경을 받았어요.

박씨부인은 남편 시백과 함께 전쟁으로 폐허가 된 나라를 일으켜 세우는 데도 힘썼지요. 전쟁으로 상처를 입은 사람들의 마음속에 박씨부인의 이름은 조선의 기개를 드높인 여걸로 길이길이 남게 되었답니다.

*직첩 : 조정에서 내리는 벼슬아치의 임명장.

# 해설 · 꾸며 낸 이야기에 깃든 역사의 진실

정출헌(부산대 한문학과 교수)

이 이야기는 조선 시대 청나라와 치른 병자호란 때 비범한 능력을 발휘한 한 여인의 흥미진진한 활약을 담고 있습니다.

박씨부인은 세상에서 가장 흉한 모습으로 태어났다가 뱀처럼 허물을 벗고 아름다운 여인으로 변신하는가 하면, 신비로운 도술을 자유자재로 부려 조선을 침입했던 청나라 오랑캐에게 통쾌한 복수를 하기도 하지요.

하지만 흥미로운 내용만 있는 것은 아닙니다. 박씨부인은 얼굴이 못생겼다는 이유로 남편과 시어머니를 비롯한 주변 사람들에게 온갖 수모를 당하기도 하고, 여자라는 이유로 남자들에게 무시를 당하기도 하지요. 하지만 모든 것을 꿋꿋하게 이겨 나가면서 결국 어떤 남자도 하지 못한 큰일을 해냅니다.

조선 시대에 우리는 두 번의 큰 전쟁을 겪었답니다. 임진왜란과 병자호란이지요. 전쟁을 겪으면서 전쟁을 소재로 한 이야기책도 많이 나왔습니다. 임진왜란을 배경으로 한 『임진록』, 병자호란을 배경으로 한 『박씨전』 『임경업전』과 같은 소설이 그것이지요. 이 책은 그중에서 『박씨전』을 재미있는 이야기로 풀어 쓴 것입니다.

 역사적 사실을 밑바탕에 깔고 있기 때문에 등장인물 가운데는 실존 인물이 많습니다. 이시백, 임경업, 김자점은 물론이고 청나라 장수 용골대도 실존 인물이지요. 하지만 자객 기홍대라든가 주인공 박씨부인은 작가의 상상에서 나온 인물이랍니다. 그러니까 『박씨전』은 실제 역사를 배경으로 하되, 실존 인물과 가공인물을 뒤섞어 만들어 낸 허구인 셈이지요.

 그렇지만 이 작품을 황당한 이야기라고만 생각해서는 안 됩니다. 작가 우리에게 전하려는 뜻이 무엇인지 찾아보는 것이 중요합니다. 이야기에 담긴 작가의 생각은 무엇이었을까요? 박씨부인이라는 인물을 통해, 역사적으로 패배한 병자호란을 승리한 전쟁으로 뒤바꾸어 놓았다는 점을 눈여겨보아야 합니다.

 좀 더 자세히 알아보도록 하죠. 우리는 병자호란을 부끄러운 전쟁으로 기억합니다. 임금이 청나라 장수에게 무릎을 꿇고 항복했기 때문입니다.

그것이 실제 역사랍니다. 하지만 『박씨전』의 작가는 전쟁에서 패배한 역사를 사실 그대로 받아들이지 않았습니다. 중요한 것은 이겼느냐, 졌느냐가 아니라 왜 졌는지 깊이 반성하면서 패배의 교훈을 되새기는 데 있다고 생각했던 것입니다.

그리하여 작가는 전쟁의 위기에 제대로 대처하지 못한 조정의 무능함과 간신 김자점의 비겁한 행위를 날카롭게 비판하고 있습니다. 만약 박씨부인의 말을 받아들여 임경업 장군에게 북방의 경비를 제대로 하게 했다면 굴욕적인 항복을 하지 않았을 것이라는 생각에서였지요.

하지만 무엇보다 이 이야기에서 돋보이는 것은 박씨부인이 온갖 어려움을 이겨 내고 나라를 구하는 지혜와 용기를 발휘하는 대목입니다. 임금, 아버지, 남편을 비롯한 주변의 남자들이 하지 못하는 일을 여자 혼자의 힘으로 너끈히 해내니, 참으로 놀랍지요? 남자들을 뛰어넘는 슬기와 능력을 지니고 있는 박씨부인의 활약이 통쾌하기만 합니다.

그런데 궁금한 게 하나 있어요. 박씨부인의 이름은 무엇일까요? 안타

깝게도 조상들은 박씨부인을 뛰어난 여성으로 그리면서도, 그 이름은 짓지 않았습니다. 여성을 천대하던 나쁜 관습 때문이겠지요. 그렇다면 이야기를 다 읽은 여러분이 이제라도 박씨부인에게 어울리는 이름을 지어 주면 어떨까요?

상상력의 보물창고 ● 한겨레 옛이야기

## 세상이 처음 생겨난 이야기 · 신화편
1. 창조의 신 소별왕 대별왕   신동흔 글 · 오승민 그림
2. 영혼의 수호신 바리공주   백승남 글 · 류준화 그림
3. 농사와 사랑의 여신 자청비   임정자 글 · 최현묵 그림
4. 사계절의 신 오늘이   유영소 글 · 한태희 그림
5. 염라국 저승사자 강림도령   송언 글 · 정문주 그림

## 우리 산천에 얽힌 재미난 이야기 · 전설편
11. 다자구야 들자구야 할머니   송언 글 · 조혜란 그림
12. 백두산 천지가 생겨난 이야기   박상률 글 · 이광익 그림
13. 꽃들이 들려주는 옛이야기   송언 글 · 이영경 그림
14. 선비 뱃속으로 들어간 구렁이   최성수 글 · 윤정주 그림
15. 울미 마, 울산바위야   조호상 글 · 이은천 그림

## 이야기로 엿보는 조상들의 꿈과 희망 · 민담편
16. 돌이 어쩌구 개구리 저쩌구   박상률 글 · 송진희 그림
17. 누군 누구야 도깨비지   조호상 글 · 정병식 그림
18. 사마장자 우마장자   송언 글 · 박철민 그림
19. 구렁덩덩 뱀신랑   원유순 글 · 이광익 그림
20. 방귀쟁이 며느리   최성수 글 · 홍선주 그림

## 변하지 않는 고전의 그윽한 향기 · 고전소설편
21. 허생전   장주식 글 · 조혜란 그림
22. 춘향전   신동흔 글 · 노을진 그림
23. 이생규장전   백승남 글 · 한성옥 그림
24. 전우치전   송재찬 글 · 신혜원 그림
25. 금방울전   임정자 글 · 양상용 그림
26. 장화홍련전   김회경 글 · 김윤주 그림
27. 심청전   김예선 글 · 정승희 그림
28. 토끼전   장주식 글 · 김용철 그림
29. 한중록   임정진 글 · 권문희 그림
30. 구운몽   신동흔 글 · 김종민 그림

## 나라를 세운 사람들의 이야기 · 건국신화편
31. 널리 세상을 이롭게 하라 고조선 건국신화   조현설 글 · 원혜영 그림
32. 나는 천제의 자손이다 고구려 건국신화   조현설 글 · 홍성찬 그림
33. 빛으로 세상을 다스리다 신라 건국신화   조현설 글 · 편형규 그림
34. 하늘이 나라를 세우라 했네 가야 건국신화   조현설 글 · 조혜원 그림
35. 동쪽 나라의 왕이 되서서 고려 건국신화   조현설 글 · 이선주 그림